Charles De Gaulle : antisémite ?
Discours intégral de sa conférence de presse
Du 27 novembre 1927

Par Jonathan-Simon Sellem

Avec le concours du Middle East Forum

« L'antisémite avant Auschwitz était un assassin latent, après Auschwitz il est un assassin manifeste »

Imre Kertesz, prix Nobel

« Il est plus facile de désintégrer un atome qu'un préjugé. »

Albert Einstein

« L'antisémitisme est "une perversion qui tue. Mon inquiétude, aujourd'hui, c'est que, bien au-delà de cette barbarie, bien au-delà des crimes, l'antisémitisme et toutes les formes de racisme sont encore là, insidieusement présents dans notre société. »

Jacques Chirac

« L'antisémitisme ne s'explique pas puisqu'il est inexcusable. Il se combat. Chercher à expliquer l'inexplicable c'est se préparer à excuser l'inexcusable. La lutte contre l'antisémitisme n'est pas l'affaire des Juifs de France. C'est l'affaire de tous les Français.

Insulter un Juif parce qu'il est juif c'est insulter la République dans son ensemble. Et la République doit réagir, comme elle doit réagir contre toutes les formes de racisme et de xénophobie. »

Nicolas Sarkozy

« Nous ne céderons rien à l'anti-sionisme car il est la forme réinventée de l'antisémitisme. »

Emmanuel Macron

A Sébastien Sellam, Ilan Halimi, François-Michel Saada, Philippe Braham, Yoav Hattab, Yohan Cohen, Myriam Monsonégo, Jonathan Sandler, Gabriel Sandler, Arieh Sandler, Sarah Halimi, Mireille Knoll... et toutes les victimes morales et physiques de l'antisémitisme et de l'anti-sionisme de France.

1. <u>Introduction.</u>

Pour une grande partie de la presse française, pour l'intégralité de la presse israélienne, et pour beaucoup d'observateurs ; avec sa phrase sur « le peuple sûr de lui et dominateur », le Général Charles De Gaulle était un « *antisémite.* » Pour le savoir, pour le comprendre, il faut se plonger dans les entrailles de l'histoire de la France de l'époque et découvrir le texte en question.

Cette phrase qui marquera l'histoire des relations franco-israéliennes et qui sera, pour certains, un déclic à l'anti-sionisme, a été énoncée 6 mois après la guerre des 6 jours, remportée brillamment par le minuscule Etat juif face à d'immenses légions arabes.

A ce moment là, Charles De Gaulle est furieux. Furieux car les israéliens n'ont pas écouté la voix de la France. Furieux car son égo était touché.

C'est Golda Meir qui a dit un jour « nous préférons vos condamnations à vos condoléances » et cette petite phrase, qui pourrait paraitre anecdotique, est en fait une doctrine israélienne. Quand la survie de l'Etat juif est en question, alors peu importe ce que pensent les autres Nations. Israël n'attends jamais rien de ses amis et comprends que sa survie ne dépend que de lui-même.

Dès lors, quand Israël lance la guerre préventive de juin 67 (après le blocage de Suez par les égyptiens, qui fait office de casus belli), Israël le fait pour maintenir son existence. Le but des israéliens n'est pas de contrôler le Sinaï, la Jordanie, la Syrie et l'Irak. Il n'est pas d'aller tuer pour tuer… L'Etat Juif veut simplement s'offrir un espace sécuritaire, un ballon d'oxygène et des zones tampon, loin des canons arabes et soviétiques qui menaçaient une fois encore les juifs de génocide.

Ainsi, s'il est vrai qu'Israël a détruit l'aviation égyptienne en quelques heures et réduit à néant les rêves d'anéantissement hitlériens des pan-arabistes de l'époque, Israël l'a fait uniquement pour sa survie.

Et c'est là que Charles De Gaulle entre en scène. Dans sa conférence de presse, il donne son sentiment, explique qu'il avait prévenu: « *celui qui lancera la guerre sera condamné* ». Et le Général De Gaulle de refuser de raisonner avec intelligence. Il raisonne comme un homme qui bat sa femme. Il pense faire cela « pour le bien de l'humanité » , pour la paix dans le monde. Une logique que l'on pourrait qualifier de stupide. Une guerre d'égo. « *Ils ne m'ont pas écouté alors ils vont payer.* »

Ajoutons à cela son amour naissant avec les puissances arabes que Charles De Gaulle aime et vénère tant, et vous avez le cocktail explosif qui mène au « De Gaulle antisémite ! »

L'était-il vraiment et foncièrement ? Oui, très certainement.

Tous les antisémites ne sont pas des nazis et il y a des niveaux dans l'antisémitisme.

Sa politique anti-israélienne agressive, ses petites phrases, ses liaisons avec les pires ennemis d'Israël, son embargo sur les produits de défense achetés par Israël, la manière dont il qualifie l'existence des juifs, celle dont il parle des terres acquises par Israël… tout cela laisse à penser qu'il est coupable de porter en lui un vieux fond antisémite. Cette petite haine du juif qui traîne d'ailleurs encore aujourd'hui dans les campagnes. Cet antisémitisme « pas bien méchant, » issus de l'ignorance et de la bêtise. Antisémitisme de préjugés.

Dans son livre « *De Gaulle, Israël et les juifs*, » Raymond Aron (intellectuel du même bord que De Gaulle) répond au Général. Il l'accuse d'avoir réhabilité l'antisémitisme. « *Définir un peuple par deux objectifs. Définir l'impérialisme israélien par « la nature éternelle », l'instinct dominateur du peuple juif » ; aucun homme d'Etat occidental n'avait parlé du juif dans ce style, ne les avait caractérisé comme peuple par deux adjectifs. Les juifs de France, ou pour mieux dire du monde entier, ont immédiatement saisis la portée historique de ces quelques mots prononcés le 28 novembre 1967.* »

Hubert Beuve-Méry, directeur du *Monde* (daté du 29 novembre) évoque des « *relents d'antisémitisme* » ; Jean Daniel dénonce dans *Le Nouvel Observateur* « *le fantôme de Maurras* » qui hanterait de Gaulle ; Jean-Jacques Servan-Schreiber s'interroge dans son éditorial de *L'Express* : « *Jusqu'où poussera-t-il l'outrance et la démesure ?* » avant de demander, purement et simplement, sa « *déposition* ».

TIM le grand dessinateur de l'Express lui répondit en publiant dans Le Monde ce dessin, qui résume parfaitement la pensée globale. En légende: « *sûr de lui et dominateur* »

Dessin de Tim avec pour légende « *sûr de lui et dominateur* »

En 1973, Jean d'Escrienne, aide de camp du général de Gaulle, relate dans son ouvrage *Le Général m'a dit*, que de Gaulle lui aurait tenu les propos suivant le dimanche suivant la conférence de presse.

« Je n'ai outragé personne ! Vous savez très bien que, quand on étudie un texte sérieusement et honnêtement, on n'isole pas une phrase de son contexte, à plus forte raison un mot à l'intérieur d'une phrase, sans quoi... on fausse l'idée exprimée. J'ai dit du peuple juif non pas qu'il était un peuple « dominateur », mais qu'il était un « peuple d'élite, sûr de lui et dominateur » : il y a tout de même une sérieuse nuance ! Dans un sens, c'est même un compliment que j'ai fait aux Juifs ; j'aurais mieux compris leur réaction indignée, si j'avais dit, par exemple, qu'ils étaient outrecuidants, ce qu'ils sont cependant, en effet, bien souvent ! Quant à la « surprise » de l'opinion, dont vous parlez, vous savez l'avertissement que j'avais donné : la France considérerait comme agresseur celui qui tirerait le premier. Les juifs n'avaient qu'à ne pas tirer les premiers ! Le fait d'aimer ou de ne pas aimer le monde arabe n'a rien à voir dans l'affaire : ce monde arabe existe, et il est présent sur un territoire qui s'étend du Pakistan jusqu'à l'Atlantique. Ça aussi, c'est une réalité. »

Voilà donc Charles Dee Gaulle rajouter de l'insulte (« outrecuidant ») à ses propos... ainsi que de la *raison politique* qui explique son amour pour les arabes.

Du côté israélien, tout le monde hausse le ton. Les journaux sont furieux. Un seul homme n'aboie pas avec la meute. Et non des moindres: David Ben Gourion : *« Je me suis abstenu d'adhérer à la critique injuste formulée par de nombreuses personnes en France, en Israël et dans d'autres pays qui, je pense, n'ont pas examiné vos propos avec tout le sérieux requis. (...) Ayant été premier ministre à l'époque de la IVe République, je sais que les relations amicales avec la France, depuis la renaissance de l'État d'Israël, se sont poursuivies même sous la Ve République, et je n'avais aucun besoin de m'attendre à une amitié plus fidèle et plus sincère que la vôtre. »*

Oui mais voilà, Ben Gourion fait de la politique. Ses échanges épistolaires réguliers avec le Général De Gaulle ne sont pas faits d'amitiés, mais d'intérêts (tout comme ceux de De Gaulle avec Ben Gourion). Et le Premier Ministre israélien comprends qu'à ce moment là de l'histoire, après la guerre d'Algérie, l'intérêt de la France c'est les arabes. C'est l'or et le pétrole. Donc la France doit se montrer sévère contre les juifs. Tout cela, Israël l'a bien compris. Ce n'est pas tant par antisémitisme ou anti-sionisme que De Gaulle s'en prends aux juifs et à Israël. C'est pour son petit intérêt personnel, sans regard de la situation globale.

C'est un peu comme en 2018, quand la France se plaint de sanctions du Président Donald Trump comme le régime totalitaire d'Iran. Les français se plaignent car les français voyaient les contrats arriver, les euros pouvaient se ramasser à la pelle... Et la France se refuse de considérer que la théocratie iranienne est dangereuse non seulement pour les amis et alliés de Paris, mais aussi pour les français eux-même. La France, ne voit pas plus loin que le bout de son nez... raison de l'échec permanent de la diplomatie française et de l'influence parisienne à travers les nations.

En 2004, Bernard Poignant, député européen socialiste, a aussi dénoncé cette « bizarrerie » de Charles De Gaulle... rappelant que « *le Général n'a jamais exprimé sa compassion pour Auschwitz. Pas un seul mot dans ses longues mémoires...* » Lui aussi semble penser que le Grand Charles n'était pas un ami des juifs.

Or donc, cette conférence de presse de De Gaulle est un des pires évènements non-militaire ou terroriste qui soit arrivé à Israël depuis sa création. Le Général, avec sont autorité morale et sa rigueur, a fait preuve d'une incroyable mauvaise foi.

Il a martelé tous les clichés qui serviront de bases aux théories anti-sionistes, ainsi qu'à l'antisémitisme moderne. Rien ne manque dans les mots du Général, jusqu'à la nature des Juifs à vouloir dominer et conquérir.

On est là proche des théories du protocole des Sages de Sion.

Ce jour de novembre 1967, Charles de Gaulle a crucifié Israël. Il a tué des milliers de juifs. Il est indirectement responsable de la mort d'Ilan Halimi, de Sarah Halimi, de Sébastien Sellam... de l'HyperCacher et des attaques contre les synagogues de la Rue de la Roquette où contre les supermarchés cashers de Sarcelles. Car 30 ans, 50 ans ou 70 ans après son réquisitoire, ce sont bien les idées malsaines de De Gaulle qui emplissent les têtes des antisémites modernes. Ils utilisent le même phrasé. Faux, biaisé et incendiaire.

LA FRANCE DE 67, UNE FRANCE JUDÉOPHILE ET SIONISTE

Dans ce contexte de juin 1967 et alors que les arabes menacent Israël de destruction, toute la France - ou presque - se tient du côté du petit juif David face à l'immense Goliath arabe.

Des groupes de parlementaires se créent en faveur d'Israël. Des manifestations montres sont organisées à travers l'hexagone. Ils sont 30,000 à Paris, 6,000 à Marseille, 5,000 à Toulouse et à Nice, 2,500 à Strasbourg et Lyon, 2,000 à Nancy, Metz et Montpellier. Tous demandent le soutien du gouvernement français à Israël.

Serge Gainsbourg, chanteur pourtant bien éloigné de tout engagement, écrira « Le sable d'Israël », chanson dans laquelle il affirme qu'il est prêt à mourir pour ce pays où il n'a jamais mis les pieds.

La future légende de la musique française Johnny Halliday, non juif, remplit des documents pour intégrer l'armée israélienne (il n'aura pas le temps de les renvoyer que la guerre sera déjà gagnée par Israël).

Jean-Paul Sartre en remet une couche: « *Nous sommes allergiques à tout ce qui pourrait, de près ou de loin, ressembler à de l'antisémitisme. Nos amis arabes répondent qu'ils ne sont pas antisémites mais anti-israéliens. Mais, pour nous, peuvent-ils empêcher que ces Israéliens soient aussi des juifs ?* »

Serge Groussard, grande plume de *L'Aurore* écrit le 24 mai 1967 : « *Deux mille* (sic !) *ans d'incurie musulmane ont transformé ce paradis d'or et de miel* (la Palestine) *en steppes érodées* ». *L'Aurore* qui parle des Arabes, « *gorgés de haine par la plus fanatique des campagnes psychologiques depuis Goebbels, gavés de haschich ou enténébrés d'opium* », qui convoitent « *les belles richesses nouvelles du peuple hébreu* ».

Et *Le Figaro* affirme que les radios arabes promettent les vergers de Galilée, les orangers de Jaffa et les filles de Tel-Aviv aux masses arabes.

Mais Charles De Gaulle campe sur ses positions anti-israéliennes. Contre vents et marées, de Gaulle tiendra bon sur sa position radicale et demandera le retour aux lignes d'armistice du 4 juin 1967. Isolé sur la scène politique intérieure, de Gaulle se démarque aussi de la position des alliés occidentaux, notamment des États-Unis. Mais ces positions pro-arabes seront au fil des ans reprises par ses successeurs — y compris par ceux qui, tels Valéry Giscard d'Estaing ou François Mitterrand les avaient fortement critiquées.

2. Le discours intégral de la conférence de presse:

Lors d'une conférence de presse tenue 6 mois après la fin de la guerre des six jours, le 27 novembre 1967, le général De Gaulle parle du conflit entre Israël et les arabes. Il déclare[1]:

« L'établissement d'un foyer sioniste en Palestine, entre les deux guerres mondiales, car il faut remonter jusque-là : et puis après la seconde guerre mondiale l'établissement de l'Etat d'Israël, soulevait à l'époque un certain nombre d'appréhension.

On pouvait se demander, même chez beaucoup de juifs, si l'implantation de cette communauté sur des terres qui avaient été acquises dans des conditions plus ou moins justifiables, et au milieu des peuples arabes qui lui sont foncièrement hostile, n'allait pas entraîner d'interminables conflits. **Certains mêmes redoutaient que les juifs, jusqu'alors dispersés mais qui étaient restés ce qu'ils avaient été de tous temps, c'est à dire un peuple d'élites, sûr de lui-même, et**

---

[1] En gras, les passages « cruciaux » du discours, selon Jonathan-Simon Sellem

dominateur. ; n'en viennent, une fois qu'ils seraient rassemblés dans les sites de son ancienne grandeur, n'en viennent à changer en ambition ardente et conquérante, les souhaits très émouvants qu'ils formaient depuis 19 siècles. « L'an prochain à Jérusalem ! » .

En dépit du flot tantôt montant, tantôt descendant **des malveillances qu'ils provoquaient,** qu'ils suscitaient plus exactement, dans certains pays et à certaines époques, un capital considérable d'intérêts et même de sympathies s'était formé en leur faveur… Et surtout, il faut bien le dire, dans la chrétienté. Un capital qui était issu de l'immense souvenir du Testament, nourri à toutes les sources d'une magnifique liturgie, entretenu par la commisération qu'inspirait leur antique malheur et que poétisait chez nous la légende du juif errant… Accru par **les abominables persécutions qu'ils avaient subis pendant la deuxième guerre mondiale, et grossit depuis qu'ils avaient retrouvé une patrie par les travaux constructeurs, travaux constructifs, et le courage de leurs soldats.**

C'est pourquoi, indépendamment **des vastes concours en argent, en influence, en propagande, que les israéliens recevaient des milieux juifs d'Amérique et d'Europe** ; beaucoup de pays, dont la France, voyaient avec satisfaction l'établissement de leur Etat sur le territoire que leur avaient reconnu les puissances… tout en désirant qu'ils parviennent, **en usant d'un peu de modestie,** à trouver avec ses voisins, un modus operandi pacifique.

Il faut dire que ces données psychologiques avaient quelque peu changées depuis 1956. A la faveur de l'expédition franco-britannique de Suez, **on avait vu apparaître, en effet, un Etat d'Israël guerrier et résolu à s'agrandir.** Et ensuite, l'action qu'il menait pour doubler sa population par l'immigration de nouveaux éléments, donnait à penser que le territoire qu'il avait acquis ne lui suffirait pas longtemps[2]… **et qu'ils seraient portés, pour l'agrandir, à utiliser toute occasion qui se présenterait.**

C'est pourquoi d'ailleurs la Vè République s'était dégagée vis-à-vis d'Israël. Les liens spéciaux et très étroits que le Régime précédent avait noués avec cet Etat. Et la Vè République s'était appliquée, au contraire, à favoriser la détente dans le Moyen-Orient.

Bien sûr, nous conservions avec le gouvernement israélien des rapports cordiaux, et même, nous lui fournissions pour sa défense éventuelle, les

---

[2] Note de l'auteur: en 2018, l'Etat d'Israël compte 8,5 millions de citoyens (dont 18% de musulmans) - il comptait 2,7 millions d'habitants en 1967. La superficie du pays n'a quasiment pas évolué depuis… Et malgré cela, il reste encore beaucoup de place pour le développement du pays !

armements qu'il demandait d'acheter. Mais en même temps, nous lui prodiguions des avis de modération. Notamment à propos des litiges qui concernaient les eaux du Jourdain ou bien des escarmouches qui opposaient périodiquement les forces des deux côtés. Enfin nous ne donnions pas notre aval à son installation dans un quartier de Jérusalem dans lequel il s'était imposé et nous maintenions notre ambassade à Tel-Aviv.

D'autre part, une fois mis un terme à l'affaire algérienne, nous avions repris, avec les peuples arabes d'Orient, la même politique d'amitié et de collaboration qui avait été pendant des siècles celle de la France dans cette partie du monde. Et dont la raison et le sentiment font qu'elle doit être aujourd'hui une des bases fondamentales de notre action extérieure.

Bien entendu, nous ne laissions pas ignorer aux Arabes que pour nous l'Etat d'Israël était un fait accompli et que **nous n'admettrions pas qu'il fût détruit.**

De sorte que tout compris, on pouvait imaginer qu'un jour viendrait ou notre pays pourrait aider directement à ce qu'une paix réelle fut conclut et garantie en Orient, pourvu qu'aucun drame nouveau ne vint à la déchirer. Hélas, le drame est venu. Il avait été préparé par une tension très grave et constante qui résultait du sort scandaleux des réfugiés en Jordanie ; **et aussi des menaces de destruction prodiguées contre Israël**[3].

Le 22 mai, l'affaire d'Aqaba, fâcheusement créée par l'Egypte, allait offrir un prétexte **à ceux qui rêvait d'en découdre.** Pour éviter les hostilités, la France avait, dès le 24 mai, proposé aux trois autres grandes puissances, d'interdire, conjointement avec elles, à chacune des deux parties, d'entamer le combat.

Le 2 juin, le gouvernement français avait officiellement déclaré qu'éventuellement **il donnerait tort à quiconque entamerait le premier l'action des armes.** Et c'est ce qu'il répétait en toute clarté à tous les Etats. C'est ce que j'avais moi-même, le 24 mai, déclaré à M. Ebban, Ministre des Affaires Etrangères d'Israël, que je voyais à Paris.

Si Israël est attaqué, lui dis-je alors en substance, nous ne le laisserons pas détruire. Mais si vous attaquez, nous condamnerons votre initiative.

---

[3] Note de l'auteur: cette phrase prouve que le Général De Gaulle n'ignorait pas les enjeux géopolitiques et les menaces de génocide. Malgré cela, l'idée globale de son discours vise à dénoncer les Juifs et Israël pour s'être défendu.

Certes, malgré l'infériorité numérique de votre population, étant de donné que vous êtes beaucoup plus rassemblés, beaucoup mieux organisés, beaucoup mieux armés que les Arabes, je ne doute pas que le cas échéant, vous remportiez des succès militaires. Mais ensuite vous vous trouveriez engagés sur le terrain et au point de vue internationale, dans des difficultés grandissantes. D'autant plus que la guerre en Orient ne peut pas manquer d'augmenter dans le monde une tension déplorable et d'avoir des conséquences très malencontreuses pour beaucoup de pays. Si bien que c'est à vous, du point de vu des conquérants, qu'on en attribuerait les inconvénients[4].

On sait que la voix de la France n'a pas été entendue, Israël ayant attaqué… S'est emparé en 6 jours de combat des objectifs qu'ils voulaient atteindre. **Maintenant, il organise sur les territoires qu'il a prit, l'occupation qui ne peut aller sans oppression, répression, expulsion. Et s'y manifeste contre lui la résistance qu'à son tour il qualifie de terrorisme[5].**

Il est vrai que les deux belligérants observent pour le moment, de manière plus ou moins précaire et régulière, le cessez-le-feu prescrit par les Nations Unies. Mais il est bien évident que le conflit n'est que suspendu et qu'il ne peut pas y avoir de solution, sauf par la voix internationale.

Mais un règlement, dans cette voix, à moins que les Nations Unies ne déchirent-elles même leur propre charte, un règlement doit avoir pour base, l'évacuation des territoires qui ont été pris par la force[6] ; la fin de toute belligérance, et la reconnaissance de chacun Etats en cause par tous les autres. Après quoi, par des décisions des Nations Unies, avec la présence et la garantie de leur force, il serait probablement possible d'arrêter le tracé

---

[4] Note de l'auteur: on retrouve ici l'idéologie de la politique internationale française depuis 1967. Rien n'a changé en 2018: on accuse toujours Israël de tous les maux dans le but, aujourd'hui inconscient, de restaurer l'égo de Charles De Gaulle. Puisqu'il est blessé dans son âme, le Général veut réparation. Et cette réparation, c'est une reddition israélienne face aux exigences françaises. Comme si le droit d'auto-détermination des peuples étaient valables pour tout le monde sauf les juifs d'Israël.

[5] On ne saura que trop rappeler qu'un résistant dans l'image de la France de 1967, c'était celle des résistants aux nazis. De même, un terroriste est un « terroriste » dès lors qu'il « terrorise » une population civile. Les « résistants arabes » dont parle le Général De Gaulle voulaient déjà, à cette époque, exterminer les juifs.

[6] Saisir des terres par des « guerres offensives » est illégal au regard du droit international. Au contraire, remporter des terres lors de guerres défensives est légal. Pour mieux comprendre cela, comparons la situation avec deux parieurs au jeu « pile ou face. » Pile, je gagne. Face, tu perds. Pile, je fais la guerre, je gagne et tu n'as rien à dire. Face, je fais la guerre pour te prendre tes terres, je perds la guerre, tu gagnes mes terres… mais tu dois me les rendre. Cette manière de voir les choses entraînerait de nombreuses guerres si c'était appliqué à tous les autres pays du monde. A ce jour, seul Israël est le perdant de ce pile ou face malhonnête.

précis des frontières, les conditions de la vie et de la sécurité des deux côtés, le sors des réfugiés et des minorités… et les modalités de la libre-navigation pour tous, dans le golfe d'Aqaba et dans le canal de Suez.

Pour qu'un règlement quelconque et notamment celui-là puisse voir le jour, règlement du reste auquel suivant la France devrait s'ajouter, **un statut international pour Jérusalem**[7]. Pour qu'un tel règlement puisse t-être mis en œuvre, il faut naturellement, il faudrait, l'accord des grandes puissances et de facto celui des Nations Unies. Et si un tel accord voyait le jour, la France est d'avance disposée à prêter son concours politique, économique et militaire pour que cet accord soit définitivement appliqué.

Mais on ne voit pas comment un accord quelconque pourrait naître tant que l'un des plus grands des quatre ne se sera pas dégagé de la guerre odieuse qu'il mène ailleurs… car tout se tient dans le monde d'aujourd'hui.

Sans le drame du Vietnam, le conflit entre Israël et les Arabes ne serait pas devenu ce qu'il est. Et si l'Asie du Sud-Est voyait renaître la paix, l'Orient l'aurait bientôt retrouvé à la faveur de la détente générale qui suivrait un pareil évènement. »

---

[7] Totalement inacceptable pour Israël dont Jérusalem est la Capitale. A chaque fois que la ville était dans les mains de puissances étrangères, les juifs étaient les premiers à en pâtir.

3. Éléments d'analyse.

J.-S. Sellem & B. Darmon

Le discours	L'analyse
L'établissement entre les deux guerres mondiales, car il faut remonter jusque là, l'établissement d'un foyer sioniste en Palestine, et puis après la deuxième guerre mondiale, l'établissement d'un Etat d'Israël soulevait à l'époque un certain nombre d'appréhensions.	Il fait une erreur sémantique en parlant de l'établissement d'un foyer sioniste alors que la déclaration Balfour comme le délibéré de la conférence de San Rémo parlent d'un « foyer national juif ». Le sionisme est un mouvement politique et non pas l'essence d'un Etat. Cette essence est juive et rien d'autre. Confusion sans doute volontaire de la part de De Gaulle.
On pouvait se demander, en effet, et on se demandait, même chez beaucoup de juifs, si l'implantation de cette communauté sur des terres qui avaient été acquises dans des conditions plus ou moins justifiables et au milieu des peuples arabes qui lui sont foncièrement hostiles, n'allaient pas entraîner d'incessants, d'interminables frictions et conflits.	Le mot implantation utilisé marque l'instauration de quelque chose de nouveau. Comme si à cet endroit, sur cette Terre, les juifs n'avaient rien à faire. Pour confirmer ce manque de légitimité, De Gaulle prend soin de dire que ces Terres furent non pas achetées, mais acquises, et rajoute que les conditions étaient douteuses. En une phrase, il vient de donner le premier argument de l'anti-sionisme. Cette « terre n'appartient pas aux juifs. »

Et certains même redoutaient que les juifs, jusqu'alors dispersés, et qui étaient restés ce qu'ils avaient été de tout temps, c'est-à-dire un peuple d'élite, sûr de lui-même et dominateur, n'en viennent une fois qu'ils seraient rassemblés dans les sites de son ancienne grandeur, n'en viennent à changer en ambition ardente et conquérante les souhaits très émouvants qu'ils formaient depuis 19 siècles : " l'an prochain à Jérusalem ".

En dépit du flot, tantôt montant, tantôt descendant, des malveillances qu'ils provoquaient, qu'ils suscitaient plus exactement, dans certains pays à certaines époques, un capital considérable d'intérêt et même de sympathie s'était formé en leur faveur et surtout il faut bien le dire dans la chrétienté.

De Gaulle se livre à une définition toute personnelle des caractéristiques des Juifs.Il reprend les clichés des pires antisémites. L'important de ce passage est la reconnaissance de l'ancienne grandeur des Juifs précisément en Palestine (la région, par le pays puisqu'il n'a jamais existé).
Mais cette phrase est absolument incohérente puisqu'elle définit comme dominateurs les juifs en exil. Il veut ainsi démontrer que si en Exil les juifs sont sûrs d'eux et dominateurs, alors nul doute qu'en retrouvant leur destin national, ils en deviennent en plus des conquérants.

Il est entendu que ce passage est le plus violent et certainement le plus antisémite de la conférence du Général.
Dire que les juifs provoquent ou suscitent des malveillances, c'est de la pure judéophobie.
La solution finale n'est pas une « malveillance ».
Pas plus que les pogroms. Parler de malveillance c'est comparer la Shoah à un détail de l'histoire.

Et puis, sa phrase sur la chrétienté, est une erreur historique énorme : les conciles depuis Nicée jusqu'à Latran puis, jusqu'à Nostae Aetate, sont anti-judaïques. Les terres chrétiennes également et l'Allemagne, l'Autriche, la Pologne, la Lithuanie, l'Ukraine, la Grèce, pour ne citer que les pires terres antisémites de la Shoah, sont bien chrétiennes !
Cette erreur est nécessaire au Général pour lui permettre de placer le monde chrétien et la France en conseillers, de tout temps sympathiques, à qui Israël peut dès lors se fier. Il ne garantit d'ailleurs à Israël que la non destruction du pays « Si Israël est attaqué, lui dis-je alors en substance, nous ne le laisserons pas détruire », ce qui est bien maigre : Israël pourrait alors être amputée de terres, souffrir sur plusieurs plans sans que la France n'intervînt.
Malgré tout, de Gaulle déplore qu'Israël ne se soit pas contentée de cette peau de chagrin et ait attaqué contre ses avertissements. L'orgueil d'Israël l'aura empêché d'écouter ses conseils.

C'est pourquoi indépendamment des vastes concours en argent, en influence, en propagande que les Israéliens recevaient des milieux juifs, d'Amérique et d'Europe, beaucoup de pays, dont la France, voyaient avec satisfaction l'établissement de leur Etat sur le territoire que leur avaient reconnu les puissances, que lui avaient reconnu les puissances, tout en désirant qu'ils parviennent en usant d'un peu de modestie à trouver avec ses voisins un modus vivendi pacifique.

Continuant dans son entreprise de dénigrement, De Gaulle tire toutes les ficelles de l'antisémite.
On retrouve ainsi les Juifs et l'argent, les Juifs et l'influence, et enfin les Juifs et l'impossible modestie. Alors que les arabes sont depuis 1920 les agresseurs qui refusent le retour des juifs sur leurs terres, ce serait donc aux juifs de faire preuve de modestie pour composer avec des voisins dont on comprend qu'ils seraient des pacifistes. Ignoble mensonge.

Il faut dire que ces données psychologiques avaient quelque peu changé depuis 1956.
A la faveur de l'expédition franco-britannique de Suez, on avait vu apparaître en effet, un état d'Israël Guerrier et résolu à s'agrandir, et ensuite l'action qu'il menait pour doubler sa population par l'immigration de nouveaux éléments donnait à penser que le territoire qu'il avait acquis ne lui suffirait pas longtemps et qu'il serait porté pour l'agrandir à utiliser toute occasion qui se présenterait.

On croit rêver, le grand Général qu'est De Gaulle sait parfaitement que l'opération de 1956 est intervenue du fait de la France et de la Grande Bretagne qui refusaient d'accepter la nationalisation du canal de Suez. Israël subissait non seulement les attaques incessantes des Fedayins en provenance de Gaza, mais aussi de Jordanie des deux côtés du Jourdain.
Le colonialisme guerrier des Français n'est pas évoqué, mais l'apparition d'un Israël qualifié de guerrier est un nouveau mensonge Gaullien. Habitude pour ce Général qui n'en est pas à sa première incartade avec la justice et la vérité.
Il est incroyable que ce Général puisse salir l'action de l'armée française en 1956.

C'est pourquoi d'ailleurs, la Vè République s'était dégagée, vis-à-vis d'Israël, des liens spéciaux et très étroits que le régime précédent avait noués avec cet Etat et la cinquième république s'était appliquée, au contraire, à favoriser la détente dans le Moyen-Orient.

Pour ceux qui n'avaient pas compris « la Vè République » est à traduire par De Gaulle lui-même. Lui seul est à l'initiative de la rupture des liens privilégiés tissés entre la France et Israël.

Bien sûr, nous conservions avec le gouvernement israélien des rapports cordiaux et même lui fournissions pour sa défense éventuelle les armements qu'il demandait d'acheter mais en même temps nous lui prodiguions des avis de modération.

En termes diplomatiques, les relations cordiales sont des relations froides et distantes. Dans sa grandeur infinie, De Gaulle acceptait de vendre contre argent des armes à l'Etat Juif. De sa grande mansuétude, il aurait sans doute voulu de plats remerciements.

Notamment à propos des litiges qui concernait les eaux du Jourdain, des escarmouches qui opposaient périodiquement les forces des deux côtés.

Nouveaux mensonges de la « Vè République ». Concernant les eaux du Jourdain dont parle De Gaulle, elles furent détournées par les arabes et non par les israéliens.
De Gaulle aurait aimé que les israéliens laissent faire sans réagir, ou plutôt qu'il demande conseil auprès du Général.
Mensonge sur les escarmouches qui sont le fait des Fedayins palestiniens qui attaquent des Kibboutzim le long de la vallée du Jourdain quasi-quotidiennement.

Enfin nous ne donnions pas notre aval, à son installation dans un quartier de Jérusalem dont il s'était emparé, et nous maintenions notre ambassade à Tel-Aviv.

Le Général qui est toujours prompt à critiquer les Juifs et Israël est resté muet lorsque les jordaniens organisèrent en 1948 le nettoyage ethnique des Juifs de Jérusalem. Pas de De Gaulle non plus pour critiquer l'occupation de la vieille Ville de Jérusalem par les troupes jordaniennes entre 1948 et 1967 (et l'interdictions aux juifs et aux chrétiens de prier dans la ville Sainte…

D'autre part, une fois mis un terme à l'affaire algérienne, nous avions repris avec les peuples arabes d'Orient, la même politique d'amitié et de coopération qui avait été pendant des siècles celle de la France dans cette partie du monde et dont la raison et le sentiment font qu'elle doit être aujourd'hui une des bases fondamentales de notre action extérieure.

De Gaulle donne ici les meilleurs gages de l'allégeance de la France au monde arabe. Il choisit le pétrole et de sacrifier les juifs.

Bien entendu, nous ne laissions pas ignorer aux arabes que pour nous l'Etat d'Israël était un fait accompli et que nous n'admettrions pas qu'il fut détruit.

On atteint des sommets de dénigrement. Israël n'est pas légitime, il n'est pas le fruit du droit inaliénable des Juifs à reconstruire leur Nation. **Pour De Gaulle c'est un « fait accompli ».** Heureusement dans sa mansuétude envers les Juifs, il n'admet pas la destruction du « fait accompli ». Merci De Gaulle !

De sorte que tout compris, on pourrait imaginer qu'un jour viendrait où notre pays pourrait aider directement, à ce qu'une paix réelle fut conclue et garantie en Orient pourvu qu'aucun drame nouveau ne vint à la déchirer. Hélas ! le drame est venu, il avait été préparé par une tension très grave et constante qui résultait du sort scandaleux des réfugiés en Jordanie, et aussi d'une menace de destruction prodiguée contre Israël. Le 22 mai, l'affaire d'Aqaba, fâcheusement créée par l'Egypte, allait offrir un prétexte à ceux qui rêvaient d'en découdre.

De Gaulle qui ne laisse rien au hasard insinue que l'origine du conflit serait « le sort scandaleux des réfugiés » alors que les réfugiés sont justement le résultat de la volonté des arabes à détruire l'Etat Juif. Et De Gaulle crache à nouveau son venin contre Israël en décrivant son peuple comme des voyous : « ceux qui voulaient en découdre ».

Pour éviter les hostilités, la France avait dès le 24 mai, proposé aux trois autres grandes puissances, d'interdire conjointement avec elle, à chacune des deux parties, d'entamer le combat.

Le 2 juin, le gouvernement français avait officiellement déclaré, qu'éventuellement il donnerait tort à quiconque entamerait le premier, l'action des armes.

Et c'est ce qu'il répétait en toute clarté à tous les Etats en cause.

C'est ce que j'avais moi-même, le 24 mai déclaré à Monsieur Ebban, Ministre des affaires étrangères d'Israël que je voyais à Paris. Si Israël est attaqué, lui dis-je alors en substance, nous ne le laisserons pas détruire, mais si vous attaquez, nous condamnerons votre initiative.

Selon le brave Général, Israël aurait dû remettre son existence dans les mains du « Grand Général ». Celui là même qui voue une telle inimitié aux juifs, à ce qu'ils sont. Celui -là même qui depuis son accession au pouvoir n'eût cesse que de couper les liens solides qui avaient été tissés entre la France et Israël. Celui là qui n'aime les juifs que comme « vassaux ».

Espace libre de prise de notes

www.ingramcontent.com/pod-product-compliance
Lightning Source LLC
Chambersburg PA
CBHW070103260726
48658CB00002B/966